AF230029

LE
PREMIER PÈLERINAGE D'HIPPONE

JOURNAL D'UN PÈLERIN

Août-Septembre 1895

Cor unum et anima una.
Act. IV, 32.

———

CHATEAUROUX

IMPRIMERIE A. MAJESTE ET L. BOUCHARDEAU

—

1895

LE
PREMIER PÈLERINAGE D'HIPPONE

JOURNAL D'UN PÈLERIN

Août-Septembre 1895

Cor unum et anima una.
Act. IV, 32.

CHATEAUROUX

IMPRIMERIE A. MAJESTÉ ET L. BOUCHARDEAU

1895

LE

PREMIER PÈLERINAGE D'HIPPONE

Cor unum et anima una.
Un cœur et une âme.
Act. IV, 32.

Depuis une vingtaine d'années les pèlerinages ont pris une grande extension ; les sanctuaires les plus vénérés de France ont été visités ; Rome et Jérusalem ont eu leur tour. Une terre avait été oubliée, la terre d'Afrique, arrosée du sang d'innombrables martyrs. L'honneur d'avoir attiré l'attention du monde catholique sur la patrie des Cyprien et des Augustin revient à un prêtre du diocèse de Constantine, M. l'abbé Potard, administrateur de la basilique d'Hippone. Envoyé en France par son évêque, M. l'abbé Potard organisa le premier pèlerinage d'Hippone. Nous disons *le premier*; nous n'ignorons pas en effet que, il y a quelques années, le pèlerinage de Jérusalem fit escale à Hippone, mais ce pèlerinage ne faisait que passer, tandis que le pèlerinage dont nous parlons avait pour but immédiat et exclusif le tombeau de saint Augustin. N'en déplaise donc à certains esprits chagrins, ce pèlerinage est bien le premier.

Le départ avait été fixé au lundi 19 août à 6 heures du soir, à bord de l'*Auvergne*, en rade de Marseille. Le matin de ce jour, messe du pèlerinage à Notre-Dame de la Garde. Vers cinq heures les pèlerins se dirigent vers le port; ils arrivent des quatre points cardinaux, comme on pourra en juger par l'énumération des diocèses auxquels ils appartiennent : Autun, Bayeux, Bourges, Cambrai, Chambéry, Gap, Marseille, Nancy,

Paris, Rennes, Rouen, Troyes et Verdun. Deux Belges s'étaient joints aux Français. Au fur et à mesure que les pèlerins montent à bord, ils sont installés dans leurs cabines par les soins de l'équipage ; puis ils remontent sur le pont pour recevoir les adieux des parents et amis qui leur souhaitent un bon voyage. Un coup de cloche retentit ; parents et amis se retirent ; le départ est proche. Six heures sonnent ; le bateau s'ébranle ; les pèlerins, massés à l'arrière, entonnent l'*Ave maris Stella*, qui convient si bien à la circonstance ; ils tournent leurs regards et leurs cœurs vers l'image de Notre-Dame de la Garde, qui domine au loin la mer, et contemplent le charmant panorama que présentent le port et la ville de Marseille. Bientôt arrive l'heure du diner. Les pèlerins, réunis ensemble, en profitent pour faire connaissance ; ils remontent ensuite sur le pont afin de jouir de la soirée, fort belle du reste, font la prière du soir, puis se retirent dans leurs cabines pour le repos de la nuit.

Mardi 20 août.

Si le bateau était à l'usage exclusif des pèlerins, ils pourraient faire célébrer la messe sur le pont, comme cela se fait sur le *Notre-Dame-du-Salut* des Pères de l'Assomption; ici ce n'est pas possible. Nous nous bornons forcément à la prière du matin; puis nous recevons des mains du directeur l'insigne du pèlerinage. Cet insigne se compose d'un écusson en soie blanche sur lequel sont dessinées une croix et une plume entrecroisées; au haut de l'écusson est fixée une médaille représentant d'un côté saint Augustin, de l'autre la basilique d'Hippone; nous porterons cet insigne pendant la durée

du pèlerinage. Nous devons passer la journée entière sur le bateau. En dehors du
temps consacré à la prière et aux repas, nous
devisons à qui mieux mieux ; chacun tire
de son répertoire les souvenirs les plus pi-
quants, les anecdotes les plus intéressantes,
si bel et si bien que la journée ne paraît pas
trop longue. De temps en temps une petite
alerte vient interrompre la monotonie. Des
marsouins viennent prendre leurs ébats près
du navire ; plus loin quelques baleines se
promènent gravement, lançant à une cer-
taine hauteur l'eau de leurs narines, à la
grande joie des spectateurs. Le jour baisse ;
nous admirons le coucher du soleil ; il est
vraiment magnifique. Avant de s'abîmer
dans les flots, l'astre du jour passe par toutes les nuances, depuis le rose tendre jusqu'au rouge empourpré. La nuit arrive. Les
pèlerins entonnent le cantique composé tout
exprès pour le pèlerinage en l'honneur de

saint Augustin, une cantate à Léon XIII, et un touchant cantique à la sainte Vierge, dont voici le refrain :

> O Vierge tutélaire,
> O notre unique espoir,
> Entends notre prière,
> La prière est le chant du soir.

Les passagers unissent leurs voix à celles des pèlerins.

Ce cantique, dont l'air grave et mélancolique est en harmonie avec les pensées qu'il exprime, produit une impression à la fois douce et profonde. La mer est calme et unie comme une glace, le bateau glisse tranquillement, sans secousse, le ciel est étoilé, tout porte à la prière et au recueillement ; l'homme se sent plus près de Dieu. Lorsque les dernières notes se sont fait entendre, les pèlerins quittent le pont, se souhaitent une bonne nuit et un heureux débarquement pour le lendemain.

Mercredi 21 août.

La nuit a été bonne ; la traversée excellente ; le débarquement est proche ; la joie se lit sur tous les visages. Dès six heures nous apercevons la côte ; peu à peu elle présente une forme plus précise ; la basilique de saint Augustin, dite basilique de la Paix, objet de notre pèlerinage, apparaît à nos regards ; nous la saluons avec bonheur. Mais, dit Buffon, la vue est un toucher lointain; le port de Bône est retiré loin de la pleine mer ; plusieurs heures s'écouleront avant notre arrivée ; enfin, vers neuf heures le bateau entre dans le port. Une centaine de personnes sont massées sur le rivage ; parmi elles nous distinguons un prêtre ; c'est, nous

1.

dit notre directeur, M. le curé de Bône. A peine le bateau a-t-il accosté que M. le curé de Bône monte sur le pont et, après avoir salué les pèlerins, leur dit : « Soyez les bienvenus. » Puis il les conduit à l'église de Bône, où se célèbre la messe du pèlerinage.

Comme l'évêque de Constantine porte le titre d'évêque de Constantine et d'Hippone, il a deux cathédrales : l'une à Constantine, l'autre à Hippone ; l'église principale de Bône sert de pro-cathédrale, en attendant que la basilique d'Hippone, dont nous parlerons plus loin, soit terminée.

Bône est située à deux ou trois kilomètres de l'ancienne Hippone, cité dont saint Augustin était évêque. En face du port, le voyageur trouve le cours National, belle avenue plantée de beaux arbres et bordée de magasins et d'hôtels. A la suite de cette avenue, un square très bien entretenu, et, dominant le square et l'avenue, la pro-cathédrale.

Cette église, précédée d'un perron de quinze marches, a trois nefs ; elle est de style roman ; elle possède une relique insigne, l'os d'un des bras de saint Augustin, conservé dans un beau reliquaire cristal et or. Par une attention délicate, M. le curé avait fait exposer la relique dans le chœur. Dans l'après-midi nous nous rendons à Hippone, située de l'autre côté de la Seybouse. Avant d'arriver à la basilique, dont les fondements ont été jetés par le cardinal Lavigerie, nous nous arrêtons au *Tombeau de saint Augustin*. Le monument qui porte ce nom a été construit sur le terrain dans lequel, selon la tradition, le corps de l'évêque d'Hippone aurait été inhumé. Il se compose d'un soubassement en pierres de taille auquel on accède par quelques marches. Sur ce soubassement a été érigé un autel surmonté lui-même de la statue du saint. Le saint est tourné vers la ville qu'il semble protéger. Ce *Tombeau,* placé à mi-côte, est à deux ou trois cents mètres de la basilique construite au sommet de la colline, et dénommée basilique de la Paix, comme nous l'avons dit plus haut. Nous arrivons au *Tombeau* vers quatre heures. A quatre heures le clergé de la basilique vient en procession prendre les pèlerins, qui montent la colline au chant du *Magnificat* alternant avec la récitation du Rosaire. Nous entrons dans l'église au son des cloches sonnant à toute volée et aux accords de l'orgue. Après le chant du cantique de saint Augustin, sermon par l'auteur de ces lignes, à la demande du directeur du pèlerinage. Ce sermon est suivi du salut solennel du Saint-Sacrement. Le salut est suivi lui-même d'une procession à l'extérieur, avec station à la crypte devant l'autel dédié à saint Augustin. Cette procession clôture les exercices religieux de la journée. Disons maintenant quelques mots de la basilique de la Paix. La basilique de la Paix, de style romano-ogival, à trois nefs, présente la forme de la croix latine avec transept. Elle est précédée d'un large perron du haut duquèl le regard s'étend sur la mer à perte de vue.

Le portail est flanqué de deux tours, de genre mauresque, à la fois dégagées et monumentales. L'intérieur, non achevé, est complètement nu ; un autel provisoire y a été dressé. La crypte, qui s'étend sous le chœur, entièrement livrée au culte, a neuf autels. Le plus beau est celui de sainte Monique, placé en face de celui de saint Augustin. Cet autel est surmonté d'un groupe bien connu : sainte Monique et saint Augustin en contemplation au port d'Ostie. L'artiste a su donner à ses personnages une expression telle qu'on les dirait vivants ; leur regard a quelque chose de céleste et de saisissant. L'office terminé, nous redescendons à Bône ; notre journée est terminée.

Jeudi 22 août.

Cette journée sera entièrement consacrée à notre saint patron. Le matin, messe de communion dans la pro-cathédrale de Bône devant la relique toujours exposée. A dix heures, messe solennelle à la basilique de la Paix ; à l'évangile, sur nouvelle demande du directeur, sermon par l'auteur de ces lignes. Le soir, à cinq heures, visite d'adieu à la basilique. A cette cérémonie, comme à la messe du matin, bon nombre d'habitants de Bône, ayant appris par les journaux l'arrivée du pèlerinage, s'étaient rendus à la basilique. En descendant, station au *Tombeau*, chant des Litanies de saint Augustin, prières pour l'Eglise, pour la France, pour le développement de l'Eglise d'Afrique, pour le retour des Orientaux à l'unité. Ne quittons pas Bône sans envoyer un souvenir à un Arabe de cette ville, nommé El Hadj Otman. Ce vénérable vieillard, qui habite rue Vieille-Saint-Augustin, 28, aime beaucoup les Français. Quoique musulman, il a suivi, accompagné de sa femme, tous nos exercices. Il a invité les pèlerins à prendre le café et leur a fait les honneurs de sa maison avec une bonne grâce parfaite ; enfin, le lendemain, malgré l'heure très matinale, il a accompagné les pèlerins jusqu'à la gare, serrant la main à tous et leur disant : Au revoir.

Vendredi 23 août.

A quatre heures les pèlerins sont sur pied ; à cinq heures, départ pour Souk-Ahras. Souk-Ahras est l'ancienne Tagaste, patrie de saint Augustin. Nous y arrivons à dix

heures. De la gare nous nous rendons di-
rectement à l'église pour y entendre la
messe célébrée par un prêtre du pèlerinage.
Les habitants, sur le seuil de leurs maisons,
regardent passer les pèlerins ; quelques-uns
saluent. L'église est bâtie à peu près au milieu de la petite ville; nous y remarquons une
très belle statue du Sacré-Cœur, de grandeur naturelle. Deux choses rappellent ici
le souvenir du plus illustre des enfants de
l'ancienne Tagaste : les ruines d'une maison
que l'on croit être la maison de sainte Monique, et un olivier, dit olivier de saint Augustin. Nous passons devant la mosquée, et
comme c'est aujourd'hui vendredi, jour
saint chez les Musulmans, nous voyons des
Arabes se diriger vers la mosquée. A deux
heures nous reprenons le train pour Tunis.
Dans le trajet, un incident quasi tragi-comi-
que. A une station, un Arabe était descendu
pour un besoin personnel. Le train ne s'ar-

rêtant qu'une minute, l'employé crie de toutes ses forces : En voiture ! En voiture ! Notre homme, non libre sans doute, laisse partir le train, puis, subitement, court à toutes jambes pour le rattraper, faisant signe qu'on l'arrêtât. Un certain nombre de voyageurs, penchés aux portières, engageaient du geste le malheureux voyageur à poursuivre son entreprise ; il redoublait en effet de vitesse et faisait des signes désespérés. Enfin le pauvre diable, voyant tous ses efforts inutiles, s'arrêta haletant, couvert de poussière et de sueur, suivant d'un œil bien triste le train qui roulait toujours. Cet incident amusa (chose peu charitable !) les voyageurs. Entre quatre, et cinq heures nous arrivons à la douane tunisienne. Vous penserez peut-être que l'Algérie étant terre française, et la Tunisie une terre soumise au protectorat français, la douane tunisienne n'existe que de nom : erreur complète. Vous

descendez du train, vous ouvrez votre valise.
L'employé y remarque une pêche, une figue,
une grappe de raisin, en un mot un fruit ;
il vous dit que ce fruit ne peut pas passer.
Vous faites observer que c'est une provision
de voyage. L'employé ne veut rien entendre. Vous croyez qu'il s'agit alors d'acquitter un droit de douane ; pas du tout. L'employé vous déclare très sérieusement que
vous ne pouvez pas sortir de la gare sans
avoir mangé ou sans avoir jeté le fruit compromettant, attendu que, si ce fruit pénétrait en Tunisie, il pourrait « introduire le
choléra ». Que vous le vouliez ou que vous
ne le vouliez pas, vous êtes condamné à
manger du fruit défendu. Eh bien ! cher
lecteur, qu'en dites-vous ? N'admirez-vous
pas la sollicitude de Son Altesse le bey de
Tunis ? Est-il dans le monde entier un souverain plus soucieux de la santé de ses sujets ? Si nous avions l'honneur de siéger

dans les conseils de Son Altesse, nous le prierions de ne pas oublier (mais peut-être ne l'a-t-il jamais connu) le vieux précepte *Est modus in rebus* [1]. Ce n'est pas tout. Quand vous serez arrivé à Tunis, vous voudrez acheter un journal quelconque. Vous donnerez un sou au vendeur ; le vendeur vous remettra poliment votre sou en disant qu'il ne vaut rien. Vous vous récrierez ; peine perdue. Votre vendeur vous dira qu'il n'accepte que de l'argent tunisien. Un pauvre à qui vous donnerez un sou, fera la même chose. Vous serez fort surpris, et avec raison, que la monnaie française n'ait pas cours légal dans un pays soumis au protectorat de la France. De grâce, que le gouvernement français fasse cesser cette anomalie ! Cette digression faite, reprenons le cours de notre récit. De Souk-Ahras à la frontière tunisienne, le pays est très accidenté ; au con-

______

1. Il y a une mesure en toutes choses.

traire, de la frontière tunisienne à la capitale, il est généralement plat. Nous arrivons à Tunis à 10 heures : nous nous hâtons de dîner et de gagner nos chambres pour y jouir d'un repos bien mérité.

Samedi 24 août.

Nous employons cette journée à visiter Tunis et les environs. Tunis présente l'aspect d'une grande ville ; elle comprend quatre quartiers ayant chacun leur caractère distinctif : le quartier européen, le quartier arabe, le quartier juif et le quartier maltais. La principale artère de Tunis est le cours de la Marine, belle avenue plantée d'arbres, qui s'étend du port à la Porte de France, porte de ville qui a un certain cachet. Cette avenue peut avoir 1.500 mètres ; elle est bordée de beaux magasins, d'hôtels et de cafés plus ou moins somptueux. C'est là notamment que se trouve le Grand-Hôtel, dans lequel nous sommes descendus. Une des plus grandes curiosités de Tunis, c'est l'ensemble des bazars, auxquels on donne le nom de souks ; c'est ainsi que vous avez le souk de la soierie, le souk de la draperie, le souk des toiles, etc. Ces souks sont tantôt à ciel ouvert, tantôt sous des voûtes ; il y règne une grande animation. Nous visitons le palais du bey. Le rez-de-chaussée est occupé par le tribunal ; aussi les corridors sont-ils encombrés par des Arabes attendant l'ouverture des portes. Nous passons dans les salles les plus remarquables : la salle du conseil, la salle à manger, la salle de billard et quelques autres pièces ; elles sont assez belles, mais bien loin des salles du Bardo, que nous décrirons plus loin. Une circonstance particulière nous permet de voir l'office célébré par les Juifs, car c'est aujourd'hui jour de sabbat. La synagogue est une salle carrée. Le rabbin, assis dans une chaire qui ressemble à une chaire de professeur, a devant lui et autour de lui ses fidèles assis sur des bancs ; on dirait un professeur faisant la classe. Derrière le rabbin, une sorte de bibliothèque attenant au mur renferme les Livres Saints couverts de riches étoffes. Le rabbin et les assistants tiennent chacun un livre à la main. Le rabbin chante seul sur un ton nasillard un passage de l'Ecriture ; lorsqu'il s'arrête, tous les assistants répondent sur le même ton. Soyons justes envers eux, ils paraissent suivre avec beaucoup d'attention.

Nous rentrons pour déjeuner ; nous sortirons ensuite pour visiter le Bardo, palais du bey, à quelques kilomètres de Tunis. Nous ferons cette promenade comme nous avons fait celle du matin, sous la conduite de Moïse. Moïse est le cicerone du Grand-Hôtel ; n'entrez pas dans un magasin, ne visitez pas un palais sans vous faire accompagner par Moïse ; il vous dira le prix vrai des objets, la destination de telle et telle salle ; parfois il vous parlera à voix basse et achèvera par un geste une phrase commencée.

On ne peut pas visiter le palais du Bardo sans une autorisation du résident français à Tunis ; cette autorisation est accordée gratuitement à qui en fait la demande, sur la présentation de sa carte. Une route poudreuse peu fréquentée conduit au Bardo. A moitié chemin vous passez sous une arcade reliant les restes assez considérables d'un aqueduc qui amenait l'eau à Carthage. Après avoir fait 4 ou 5 kilomètres, vous êtes arrivé ; vous vous demandez où est le palais, car vous vous trouvez en face de ruines presque sans caractère, accumulées les unes sur les autres. Vous entrez dans ces ruines silencieuses, vous passez sous une voûte, et enfin vous êtes dans la cour extérieure du palais.

En face de vous, un escalier monumental gardé par des lions, lions de marbre, comme l'escalier. Un large perron faisant suite à l'escalier donne entrée dans la cour intérieure. Au milieu de la cour, un bassin avec jet d'eau, et tout autour une galerie ; les portes des appartements ouvrent sur cette galerie. Cette disposition est commune à tous les palais. Nous visitons successivement les différentes pièces, toutes plus belles les unes que les autres. Pour éviter des redites, nous allons décrire une fois pour toutes une de ces pièces ; elles se ressemblent à quelque chose près. Le pavé est en marbre ou en mosaïque ; tantôt il reste nu, tantôt il est couvert de tapis. Les murs sont revêtus de faïences à couleurs assez criardes ; plusieurs de ces faïences, nous dit-on, proviennent des ruines de Carthage. Le plafond est à l'avenant ; point de personnages, comme à Versailles

par exemple ; des fleurs et des feuillages. A
droite et à gauche, des consoles supportant
des pendules et des candélabres ; pour sièges,
des canapés avec quelques fauteuils. Au fond,
en face de la porte d'entrée, un magnifique
fauteuil, élevé sur un ou plusieurs degrés, à
l'usage du bey. Voilà l'ameublement d'une
salle du palais ; on retrouve dans toutes les
mêmes objets, plus ou moins abondants, plus
ou moins riches, selon la destination de la
pièce. Nous devons une mention spéciale à la
salle dite salle des fêtes ; elle est merveilleuse. D'abord elle a en longueur, largeur,
hauteur, de vastes proportions ; puis elle est
ornée des portraits en pied de tous les souverains d'Europe ; parmi les souverains français nous avons remarqué Louis-Philippe et
Napoléon III ; ces portraits sont séparés les
uns des autres par des glaces de 3 ou 4 mètres
de haut sur 2 ou 3 mètres de large ; le miroir
de ces glaces est limpide comme du cristal, et

l'encadrement, à lui seul, est un monument ; de la voûte descendent d'énormes lustres en harmonie avec la grandeur de la pièce ; enfin, au fond s'élève le trône du bey, digne des plus grands souverains. Le trône est surmonté d'un magnifique baldaquin d'où retombent des rideaux en velours rouge frangés d'or, retenus par des torsades également velours et or. Nous sortons éblouis par tant de richesses, entretenues à grands frais et sans utilité. Le bey a un palais à Tunis où il vient tous les lundis pour les affaires de gouvernement ; il réside habituellement au palais de la Marsa, voisin de Carthage, il vient une fois ou deux par an au Bardo. Dans le courant du siècle prochain, ces beaux plafonds s'écrouleront, entraînant les richesses qu'ils recouvrent, augmentant le nombre des ruines ; sur l'ensemble on pourrait redresser une colonne brisée et inscrire ces mots : *Grandeur et décadence.*

A cent mètres du Bardo s'élève un autre palais, moins grand, mais non moins riche, qu'on pourrait appeler un palais annexe. Il a sur le premier l'avantage d'être entouré d'un grand jardin offrant de gracieux et frais ombrages. Les vrais châtelains de ces deux palais sont les employés préposés à leur garde. Nous faisons un tour de jardin et nous rentrons à Tunis.

Dimanche 25 août.

C'est aujourd'hui la fête de notre roi saint Louis, demeuré populaire à Tunis, même parmi les indigènes. A sept heures, messe du pèlerinage ; à neuf heures, grand'messe. Les offices se font dans une misérable église décorée du titre de pro-cathédrale. Hâtons-nous de dire qu'on construit actuellement dans le voisinage de celle-ci une église con-

venable qui sera dédiée à saint Vincent de
Paul. L'après-midi nous nous rendons à Carthage pour assister aux vêpres et au salut
dans la magnifique basilique construite par
le cardinal Lavigerie lors de la réérection du
siège de Carthage. Cette basilique est dédiée
à saint Louis, aussi Mgr l'archevêque de
Carthage est-il venu pour officier pontifica-
lement. Carthage est à une quinzaine de
kilomètres de Tunis. La cathédrale a été
bâtie sur la colline de Byrsa, où s'élevait le
fameux temple de Junon ; elle présente une
masse imposante qu'on aperçoit de loin. Nous
approchons ; nous entendons la belle sonnerie des cloches appelant les rares fidèles qui
habitent ce désert. La cathédrale est une
vaste église à trois nefs de style tout à fait
oriental. On y monte par un large perron
sur lequel s'ouvrent les trois portails de la
façade, encadrés par deux tours. Le vaisseau
est soutenu par de belles colonnes dont les

chapiteaux sont entièrement dorés. Le chœur est spacieux ; à l'entrée, à gauche, est le trône archiépiscopal, recouvert de drap d'or. Dans la nef latérale de droite on remarque, adossée aux premières stalles, une pierre tombale avec inscription. Cette pierre tombale marque l'entrée du caveau des archevêques. Le corps du cardinal Lavigerie repose au fond de ce caveau, en face de la porte d'entrée, sous le trône archiépiscopal. Au-dessus du maître-autel, une grande coupole, qui rappelle celle de Saint-Pierre de Rome sans en avoir les proportions. Comme nous l'avons dit, nous arrivons pour l'office des vêpres ; elles sont chantées par les Pères Blancs, qui, à eux seuls, constituent le chapitre, la maîtrise et les officiers inférieurs de la cathédrale. Les vêpres sont suivies du Panégyrique de saint Louis, prononcé par un professeur du Petit-Séminaire des Pères, et du salut du Saint-Sacrement. Au salut nous remarquons un *Tantum ergo* à plusieurs voix exécuté religieusement. A l'issue de la cérémonie nous passons dans l'enclos des Pères pour visiter le musée du Père Delattre. On sait que le Père Delattre, curé de la cathédrale de Carthage, a exécuté des fouilles très importantes qui ont fait l'objet de communications savantes à l'Académie des inscriptions et belles-lettres. L'enclos des Pères comprend la crypte des saintes Perpétue et Félicité, découverte par le Père Delattre, et la chapelle de saint Louis. Au-dessus de la porte d'entrée de cette chapelle on lit l'inscription suivante :

LOUIS-PHILIPPE Ier

ROI DES FRANÇAIS

a érigé ce monument en l'an 1841

sur la place

où expira saint Louis, son aïeul.

Cette chapelle, très simple, de forme octogonale, renferme un autel surmonté de la statue du saint. Du perron de cette chapelle la vue s'étend au loin sur la pleine mer. Un jardin l'entoure ; il est parsemé de débris de colonnes, stèles, statues, bas-reliefs, etc., trouvés dans les fouilles. Revenons à la basilique. A deux cents mètres, en bas de la colline, on voit les traces du cirque où tant de victimes humaines ont été immolées ; une croix a été érigée au milieu ; à l'extrémité du cirque, dans une excavation fermée par une grille, un autel a été élevé à la mémoire de tous les martyrs. On ne peut prononcer le nom de Carthage sans évoquer le souvenir d'Annibal et de Scipion, et, en général, de cette lutte gigantesque dans laquelle Rome faillit sombrer. Debout sur le perron de la basilique, nous nous laissions aller à nos pensées, et, par une association d'idées toute naturelle, nous comparions le passé au présent. De cette grande cité si commerçante,

si riche, si prospère, il ne reste rien debout :
pas un portique, pas une colonne, pas une inscription. Il a fallu fouiller le sol pour trouver
quelques restes. A la vie a succédé la mort ; à
l'abondance, le désert ; la fragilité des choses
humaines ne nous avait peut-être jamais
paru si frappante. Un illustre évêque a bien
pu construire un monument ; il n'a pu rendre la vie à une cité.

Le jour baisse, il faut rentrer à Tunis.
Nous prenons le train, ce qui nous permet
d'être témoins d'une scène digne des *Mille
et une nuits*. Un grand nombre d'Arabes sont
venus à la campagne ; ils ne veulent pas
rentrer à pied. Dès que le train s'ébranle,
ils le prennent d'assaut, s'entassent sur les
voyageurs déjà montés et même les uns sur
les autres, vingt, trente par compartiment.
Le chef de gare veut les faire descendre ;
peine perdue ! ils tiennent bon. Mais dans une
telle cohue, l'un est trop serré, l'autre a un

pied foulé, un troisième est à demi étouffé ; tel crie, gesticule, se lamente, tel autre rit, chante, s'amuse ; militaires, civils, Arabes, prêtres, frères, sœurs, tous les costumes sont confondus ; on entend parler toutes les langues, c'est un brouhaha indescriptible ; ce n'est pas la tour de Babel, c'est le train de Babel. Pauvre train ! il est tellement chargé qu'il avance lentement ; les Arabes s'en aperçoivent et paraissent en rire de bon cœur ; enfin, après une demi-heure de retard, le train arrive en gare. Dieu soit loué !

Cette journée devait être terminée par un autre incident. Un orage éclate. Le tonnerre ne gronde pas très fort, mais les éclairs sont vifs, brillants et sillonnent l'horizon d'un bout à l'autre ; le spectacle est grandiose. Une pluie assez abondante tombe pendant un quart d'heure et rafraîchit l'atmosphère. Nous en profitons pour faire un tour de promenade qui clôt notre journée.

Lundi 26 août.

Les délices de Capoue avaient amolli les soldats d'Annibal ; les agréments de Tunis pourraient retenir les pèlerins ; mais ils ne sont que depuis cinq jours sur le sol de l'Afrique et ils ont beaucoup à voir ; il faut donc continuer la route. Nous entendons la messe à six heures, et à huit heures nous partons pour Constantine. Nous revenons ainsi sur nos pas jusqu'à Duvivier, tête de ligne voisine de Bône, nous y prenons l'embranchement qui nous mène à Constantine ; nous y arrivons vers minuit. Rien de particulier à dire sur cette journée passée en chemin de fer ; elle nous a paru un peu longue. Arrivés à l'hôtel, nous prenons vite possession de nos chambres, nous promettant bien de regagner le lendemain le temps perdu.

Mardi 27 août.

Constantine, l'ancienne Cirta des Numides,
est bâtie sur un rocher à pic, qui n'est acces-
sible que par un côté. Son nom lui vient de
Constantin, qui la rebâtit. Son enceinte forme
une sorte de presqu'île, baignée par l'Oued-
el-Kébir ou Roumel. Le Roumel est très en-
caissé ; à certains endroits il coule à plus de
cent mètres au-dessous du sol de la ville.
Notre première visite est pour la cathédrale,
où nous allons entendre la messe. Nous faisons ensuite à pied le tour des anciens remparts ; ce tour demande deux ou trois heures.
Par une pente très rapide nous descendons
dans le village arabe, que nous apercevons
du haut des remparts. Comment des gens,
fussent-ils des Arabes, ont-ils pu venir planter
leur tente au fond de l'entonnoir qui forme
la vallée ? C'est une question qu'on se pose

forcément. Peut-être pour se mettre à l'abri du vent. Quoi qu'il en soit, nous les plaignons.

Près de là on nous montre le rocher des Martyrs, ainsi nommé parce que nombre de chrétiens ont été précipités du haut de ce rocher. Une inscription gravée sur ce rocher rappelait ces sanglantes exécutions; elle a été reproduite à la cathédrale, près de la chapelle de Saint-Joseph, par les soins de M. le curé. La cathédrale a un cachet particulier; c'est une ancienne mosquée. Le vaisseau, qui constitue le corps de l'ancienne mosquée, a cinq nefs. Les chapelles de la Sainte Vierge et de saint Joseph sont à l'extrémité de ces nefs. La partie occupée par le chœur et le sanctuaire est neuve. La chaire de cette église est peut-être unique dans son genre; c'est une chaire arabe en bois sculpté enlevée à une mosquée. Près de la cathédrale est le palais de l'ancien bey, affecté aujourd'hui à la résidence du général de division. Ce palais a la forme de ceux que nous avons décrits et que nous aurons à décrire : cour intérieure, carrée ou rectangulaire, avec galerie au rez-de-chaussée et au premier étage. A signaler la salle dite des armes, ornée de belles panoplies. Nous visitons ensuite une caserne. De la cour de cette caserne la vue s'étend sur des collines verdoyantes. Au haut de cette cour on a élevé un petit monument à la mémoire des braves tombés au siège de Constantine en 1836 et en 1837. Dans l'intérieur de la ville nous traversons deux jardins publics très bien entretenus ; dans l'un d'eux, au milieu d'un massif de verdure et de fleurs, s'élève la statue en bronze du maréchal Valée. Constantine communique avec son faubourg par un beau pont métallique dominant le Roumel à une grande hauteur. Dans ce faubourg se trouve la pyramide du général Danrémont, tué au siège de Constantine. Quand vous êtes dans le faubourg, une grande attraction, c'est la promenade dite de la Corniche, que vous pouvez faire à pied ou en voiture ; elle vous conduira à un établissement de bains très fréquenté. Si vous ajoutez à cette promenade une excursion le long du Roumel et aussi près que possible de son lit rocailleux, vous aurez vu à peu près toutes les curiosités de Constantine.

Mercredi 28 août.

Nous partons de bonne heure pour Biskra. Si vous visitez l'Algérie, ne manquez pas d'aller à Biskra ; autrement on vous dirait : « Si vous n'avez pas vu Biskra, vous n'avez rien vu. » Le pays que nous traversons est tantôt plat, tantôt montagneux, et, en général, peu cultivé ; çà et là nous aper-

cevons des caravanes de chameaux, che-
vaux, ânes et mulets. A quatre heures
nous sommes en gare d'El-Kantara, village
planté de 15.000 dattiers et surnommé par
les Arabes la Bouche du désert. Ce nom lui
vient de ce qu'à El-Kantara la température
s'élève subitement et annonce la forte cha-
leur qui est l'apanage de Biskra. Le train
passe sur un beau pont, entre dans une gorge
grandiose, au sortir de laquelle on a une vue
merveilleuse sur l'entrée du désert. A dix
heures nous arrivons à Biskra.

Jeudi 29 août.

Biskra doit sa réputation à sa situation à
l'entrée du désert ; c'est une véritable oasis,
que l'on peut considérer comme le Menton
et le Vichy de l'Algérie : le Menton, parce que
l'hiver y est très doux, le Vichy, parce qu'il

.y a un établissement d'eaux thermales, le *Hammam-es-Salhaïn*. Aussi Anglais, Allemands, Américains viennent-ils passer l'hiver à Biskra [1]. Nous allons entendre la messe à l'église paroissiale, qui n'est séparée de notre hôtel que par le Jardin public, charmant jardin traversé par un cours d'eau et planté de beaux arbres. Nous visitons d'abord le Royal-Hôtel et le Casino, somptueux établissements qui n'ouvrent qu'en hiver ; puis, à quelque distance, la magnifique villa de M. le comte Landon de Longeville. Le parc attenant à cette villa est entretenu avec un soin merveilleux ; il encadre des pavillons détachés qui font le charme de cette résidence vraiment princière ; ici la salle à manger, là la salle de bains, plus loin le fumoir,

1. Ceux qui désireraient des renseignements sur la station hivernale de Biskra pourraient s'adresser à M. Colombo, agent principal de la *Compagnie de Biskra*, à Biskra.

un salon champêtre, un kiosque, etc. En sortant de là nous passons devant la maison, aujourd'hui abandonnée, construite par les soins du cardinal Lavigerie pour être la maison mère des Frères armés du Sahara, ordre religieux militaire qui n'a pu subsister. Nous traversons le village arabe, dit le Vieux-Biskra, disséminé sur une assez grande étendue ; nous faisons halte devant la mosquée pour monter au haut de la tour. De là, l'œil embrasse la plantation de palmiers qui fait l'orgueil de Biskra, et l'immensité du désert. Rentrant en ville, nous passons devant l'Hôtel de Ville, construction toute neuve, présentant la forme d'un coquet palais oriental dominé par une tour avec belvédère. Le soir, nous retournons à l'église pour la prière et le chant d'une cantate ; en prenant le frais nous avons le plaisir d'entendre la musique de la garnison sur la place publique.

Vendredi 30 août.

Nous quittons Biskra dans la matinée, accompagnés à la gare par quelques Arabes qui nous serrent la main en nous souhaitant bon voyage et en nous disant au revoir, car l'Arabe ne dit jamais adieu. A peine le train est-il sorti de la gare que nous apercevons près de la voie des clairons faisant une répétition. Ils nous reconnaissent et nous donnent une sonnerie ; nous agitons nos mouchoirs en criant : Vive l'armée ! Vive la France ! Dix minutes après, même rencontre ; même sonnerie, mêmes vivats. Nous arrivons à Batna pour déjeuner. Batna est une ville en plaine de 5 à 6000 habitants ; nous la verrons demain, car aujourd'hui nous avons une excursion en voiture qui, aller et retour, formera un parcours de

76 kilomètres. A midi précis nous montons
en voiture. A 10 kilomètres, première halte
à Lambèze. La Lambèze romaine était autrefois la capitale militaire de la Numidie ; elle
était très importante ; elle couvrait, dit-on,
plusieurs centaines d'hectares. Elle n'est
aujourd'hui représentée que par les restes
d'un prétoire. Le portique d'entrée est assez
bien conservé ; il a un certain cachet de
grandeur ; sur les trois autres faces, les murs
ont une hauteur moyenne de 6 à 8 mètres ;
au milieu de l'enclos formé par les quatre
murs, on a dressé une demi-douzaine de statues tirées des fouilles et pour la plupart
mutilées ; ces statues émergent ainsi de
débris de colonnes, portes, fenêtres, etc. Non
loin du prétoire, et sur le côté, on voit les
restes d'un monument avec abside à demi
enfouis sous terre. Les assises sont formées
de belles pierres ; nous pensons que ce sont
les restes d'une église chrétienne. Nous conti-

nuons notre route vers Timgad, but de notre
excursion. Timgad est sur le penchant d'une
colline ; on y arrive par une large voie pavée
de dalles placées transversalement. Cette disposition, fréquente dans les villes antiques,
avait pour but d'empêcher les roues des chars
de pénétrer dans les joints des dalles. Arrivés au haut de cette voie, nous tournons à
droite pour aller contempler l'Arc de Triom-
phe de Trajan. Cet arc, qui a trois ouver-
tures, est assez bien conservé quant à sa
masse ; tous les ornements ont disparu. De
là, nous passons au Marché, place rectangulaire autour de laquelle régnait une galerie accusée par quelques colonnes à droite et
à gauche ; au fond on reconnaît quelques
boutiques ; à l'entrée de chacune de ces boutiques, une belle et large pierre séparait l'a-
cheteur du vendeur et servait sans doute
d'étal au marchand. A droite de l'emplace-
ment du marché, le temple de Jupiter, dont

les proportions sont vastes. Les colonnes du péristyle sont encore debout ; les plus belles, qui occupaient l'intérieur du temple, sont couchées, le fût d'un côté, le chapiteau de l'autre ; elles sont cannelées ; lorsqu'elles seront redressées et ornées de leurs chapiteaux, l'œil pourra reconstituer le monument. A gauche du Marché, la Bourse et le Tribunal ; non loin, les Thermes, facilement reconnaissables par les fourneaux qu'on pourrait encore utiliser et par les piscines qui les entourent ; enfin, à l'extrémité de la cité, se coupant à angle droit, le Forum et le Théâtre. Le Forum rappelle celui de Rome ; il est, comme lui, de forme rectangulaire ; la tribune est placée, comme dans le Forum romain, sur un des petits côtés du rectangle, les assises sont parfaitement conservées et semblent défier l'action du temps. Le Théâtre a la forme d'un hémicycle ; les colonnes de la scène sont presque intactes ; quant aux gradins, ils pourraient, même présentement, recevoir des spectateurs. Le pavé de ces monuments en ruines est très régulier ; on s'étonne de le trouver après tant de siècles dans un tel état de conservation. Notre visite est terminée. Ceux qui viendront après nous jouiront d'un spectacle plus imposant. Par les soins du gouvernement français, les fouilles et les déblais se continuent. Timgad occupe une superficie d'une trentaine d'hectares sur lesquels un dixième est déblayé ; le reste sera une affaire de temps et d'argent. Nous rentrons à Batna à neuf heures du soir, contents d'avoir vu de superbes vestiges de la grandeur romaine.

Samedi 31 août.

Nous entendons la messe de bonne heure, puis nous faisons un tour en ville. Deux choses seulement à signaler : le jardin public et le puits artésien. Le jardin public est petit, mais bien entretenu, bien ombragé ; une pièce d'eau avec jet y donne de la fraîcheur. Le puits artésien est à une des extrémités de la ville ; il fournit une eau abondante et pure. A midi nous prenons le train et nous arrivons à Constantine à quatre heures du soir.

Dimanche 1er septembre.

Aujourd'hui, dans toute l'Algérie on fait la solennité de la fête de saint Augustin. Les offices nous occuperont une partie du jour. A sept heures, messe du pèlerinage à la cathédrale ; à neuf heures, messe solennelle ; à trois heures, vêpres, sermon et salut. La messe a été chantée et le sermon donné par l'auteur de ces lignes. En dehors des offices, nous nous promenons autour des remparts, que nous connaissons déjà ; l'animation de la ville est extrême ; on dirait que tous les habitants sont dehors. Arabes, Juifs, Chrétiens, indigènes et étrangers vont, viennent, se coudoient sans incident ; chacun va à ses affaires ou à ses plaisirs sans observation. Le soir, nous nous mettons au balcon pour voir passer la retraite ; nous saluons avec plaisir nos braves troupiers ; nous entendons avec bonheur les accents si connus des tambours et des clairons. Saint-Augustin est le héros que nous sommes venus prier ; nous lui avons consacré la journée ; puisse-t-il exaucer nos vœux ! Dans cet espoir nous nous séparons pour nous retrouver le lendemain à l'heure du départ.

Lundi 2 septembre.

Nous partons pour Sétif, où nous ne ferons que passer. Le pays est plat. La ville de Sétif, presque exclusivement française, est elle-même en plaine ; au milieu de la ville, une large avenue plantée d'arbres et terminée aux deux extrémités par deux portes monumentales. Nous arrivons à l'heure du déjeuner ; puis nous montons en voiture pour Kerrata, village situé à l'entrée des gorges du Châbet, que nous devrons franchir demain. Au sortir de Sétif, nous rencontrons des Arabes conduisant une batteuse à vapeur ; n'était le costume, nous pourrions nous croire en France. Le pays, d'abord peu accidenté, devient de plus en plus pittoresque ; après une course de six heures de voiture nous arrivons à Kerrata à la nuit.

Mardi 3 septembre.

A cinq heures tout le monde est sur pied, ou plutôt en voiture ; l'aube commence à paraître. Au sortir du village nous entrons dans les fameuses gorges du Châbet, qu'on nous a tant vantées ; elles méritent leur réputation ; ce sont de véritables gorges. Entre deux chaînes de montagnes nues, très abruptes et très rapprochées, coule le Châbet, rivière torrentueuse ; entre l'étroit lit de la rivière et la paroi d'un côté des gorges, une route, taillée dans le roc par les soldats français, comme on peut le lire dans deux inscriptions gravées sur la pierre brute. Ces gorges sont très sinueuses ; elles s'étendent sur une longueur de huit kilomètres et présentent ainsi aux yeux ravis du touriste des aspects très variés. Les gorges franchies, la campagne est tout autre ; elle nous offre une riche végétation : oliviers, figuiers, orangers, grenadiers, bananiers. Bientôt nous apercevons la ville de Bougie, assise en amphithéâtre sur le bord de la mer ; mais, que l'œil est trompeur ! nous avons encore à faire vingt-quatre kilomètres ; qui le croirait ? Le long de la route nous voyons les Arabes faire leurs vendanges ; ils semblent surpris en regardant défiler notre caravane ; enfin, après d'innombrables détours, nous arrivons à Bougie pour déjeuner. L'après-midi nous visitons la ville en commençant par l'église. L'église est au sommet de la ville ; du perron on a une vue magnifique sur le port, peuplé de petites embarcations. Le quartier arabe est assez curieux ; le marché y est très animé. Le soir, réunion à l'église, puis dîner sur une terrasse, éclairée à la lumière électrique, qui domine la mer à une grande hauteur. Le temps est calme, l'air frais, la lune brille dans tout son éclat ; le coup d'œil est ravissant.

Mercredi 4 septembre.

Après la messe du pèlerinage, départ pour

El-Kseur en chemin de fer. A El-Kseur, nous prenons les voitures avec lesquelles nous devrons parcourir les forêts de la Petite et de la Grande-Kabylie ; c'est la bagatelle de 80 kilomètres. La Petite et la Grande-Kabylye présentent à peu près le même aspect, avec cette différence que dans la Grande-Kabylie les montagnes sont plus hautes, les vallées plus profondes, les chemins plus resserrés. Nous côtoyons constamment des précipices ; mais rassurez-vous, la route est assez large pour que nous évitions le danger. Les arbres sont toujours les mêmes, ceux que nous avons énumérés précédemment ; ajoutez, puisque nous traversons une immense forêt, le chêne, le hêtre et le charme. Nous ne rencontrons guère que les cantonniers avec leurs auxiliaires ; ils nous saluent, nous leur rendons leur politesse. A midi nous nous arrêtons dans une *Maison canton-nière* ; ce sont les mots que nous lisons au-dessus de la porte ; nous y trouvons une cordiale hospitalité, et nous y déjeunons avec les provisions par nous apportées. Devant la maison s'élève une colline portant un village kabyle. Nous le visitons. Un jeune homme, qui parle un peu le français, nous mène chez le marabout ; nous y sommes bien reçus. Le marabout n'a rien dans son costume qui le distingue de ses ouailles ; c'est un vieillard pauvre, simple, dont la physionomie est sans expression. Les habitants du village, sur le seuil de leurs pauvres demeures, paraissent contents de notre visite, qui est bientôt terminée. Une demi-heure après, le marabout, accompagné des notables, vient rendre au Directeur et aux pèlerins la visite reçue. Le marabout, qui ne sait pas parler français, dit, par son interprète, qu'il a été très flatté de recevoir la visite des pèlerins, que les Kabyles ont beaucoup de sympathie pour les Français, qu'il souhaite aux pèle-

rins bon voyage, heureux retour, qu'il priera
Dieu de les bénir. Nous remercions le marabout. Bientôt après nous remontons dans
nos voitures ; nous avons fait 42 kilomètres ;
il nous en reste donc 38 à faire. La seconde
partie ressemble à la première ; à la nuit
tombante nous arrivons à Azazga.

Jeudi 5 septembre.

A Azazga nous ne faisons que passer la
nuit. Dès l'aube nous partons pour Tizi-Ouzou. Le pays que nous traversons est plus
habité, et, par conséquent, mieux cultivé.
Les collines sont moins élevées, les vallées
plus larges ; de distance en distance, un pâ-
tre gardant ses moutons. Nous arrivons à
Tizi-Ouzou vers midi ; c'est un chef-lieu de
canton et d'arrondissement judiciaire, qui
ne présente rien de particulier. Nous lais-

sons là nos voitures ; elles retourneront à
petites journées à leur point de départ. A
six heures nous prenons le train qui nous
amène à onze heures du soir dans la capitale
de l'Algérie ; c'est notre dernière étape.

Vendredi 6 septembre.

Nous consacrons cette journée à la visite
d'une partie de la ville. Nous débutons par
la cathédrale, où nous entendons la messe
du pèlerinage. La cathédrale, ancienne mosquée, est une église à trois nefs digne d'être
le siège d'un évêque. Elle est précédée d'un
perron d'une vingtaine de marches ; ce perron donne accès aux trois portails de l'église,
encadrés de deux belles tours de genre mauresque. Les nefs sont larges et élevées ; dans
celle de gauche on remarque un beau cal-
vaire. Le chœur produit un effet assez im-

posant ; il n'y a pas d'abside ; derrière le chœur s'étend un large déambulatoire.

A côté de la cathédrale est l'ancien palais du dey, affecté aujourd'hui au service du Gouverneur général de l'Algérie. Il est construit et aménagé comme tous les palais précédemment décrits. Le long de la frise qui sépare le rez-de-chaussée du premier étage, on a placé sur des socles les bustes de tous les gouverneurs de l'Algérie. En face de la cathédrale et du palais du gouverneur est l'archevêché, que l'on prendrait volontiers pour un château-fort. De toutes petites fenêtres donnent sur la voie publique ; fenêtres et portes des appartements ouvrent sur la cour intérieure avec galerie qui constitue pour ainsi dire l'essence de toute habitation arabe, riche ou pauvre. Une rue, qui descend de la cathédrale, tombe sur la place du Gouvernement, la plus belle place d'Alger. Cette place, à peu près carrée, est ornée d'une statue équestre du duc d'Orléans, fils du roi Louis-Philippe ; elle est le centre de la vie d'Alger. Près de cette place, deux mosquées. A l'extérieur, une mosquée a un certain caractère architectural ; à l'intérieur, c'est une salle plus ou moins vaste, divisée par des colonnes et des arcades. Le sol est recouvert de nattes ou de tapis. Une sorte de tribune mobile, assez élevée, sert de chaire au marabout. Au milieu d'un des côtés de la salle, une quasi-chapelle indique la direction de la Mecque ; c'est de ce côté que doit se tourner le musulman pour faire sa prière. Enfin, soit dans un coin de la mosquée, soit dans une cour la précédant, un bassin avec fontaine sert pour les ablutions. La mosquée ne sert pas seulement à la célébration du culte ; elle est la maison de tout musulman. En dehors des heures consacrées à la prière, le musulman entre dans la mosquée comme chez lui, s'étend tout de son long et y dort très paisiblement.

Non loin de la place du Gouvernement est le square Bresson. Ce square, à peu près au centre d'Alger, est très fréquenté ; le promeneur y trouve de frais ombrages et peut, de là, contempler le port, dont il n'est séparé que par le quai. A quelques pas de ce square, l'église Saint-Augustin mérite la peine d'être vue.

Une des curiosités d'Alger, c'est le quartier arabe : il a, s'il est permis de s'exprimer de la sorte, une saveur particulière. Il est situé sur le penchant du coteau qui domine la ville française. Il se compose d'une vingtaine de ruelles enchevêtrées les unes dans les autres. Ces ruelles très étroites sont pavées de petites pierres inégales et glissantes ; le milieu est traversé par une rigole destinée à l'écoulement de l'eau. La ruelle est tantôt couverte d'une voûte, tantôt à ciel ouvert, tantôt surplombée par les toits des maisons ; de là, une demi-obscurité qui ajoute encore à la confusion. A droite et à gauche s'ouvrent les portes des maisons, on plutôt des taudis, d'où s'échappent des odeurs fort variées n'ayant rien de commun avec l'odeur de la rose. Au milieu de tout cela grouille une population misérable, déguenillée, qui paraît insouciante. A mi-côte, une rue transversale, plus large et moins malpropre, porte le nom de Grande rue. Vous la traversez, vous continuez de monter pour arriver à la Casbah, point culminant. Vous trouvez à droite l'ancien palais du dey, transformé en caserne ; c'est dans l'une des salles de ce palais que le dey donna le coup d'éventail qui amena l'occupation française ; à gauche vous avez une bien modeste église, dédiée à la Sainte Croix. Nous y entrons et nous conjurons Dieu d'éclairer les pauvres infidèles qui végètent en dessous. Comme l'a si bien dit le Père Lacordaire, lorsqu'on voudra mesurer l'étendue du bienfait de la Rédemption, on n'aura qu'à comparer l'état des peuples qui vivent sous l'égide de la Croix avec l'état de ceux qui, selon l'expression de nos Saints Livres, sont assis dans les ténèbres et à l'ombre de la mort. En Algérie, à chaque pas cette comparaison s'impose ; elle est saisissante.

Samedi 7 septembre.

Nous allons visiter Staouéli. Il y a cinquante ans, des Pères Trappistes vinrent s'établir dans le lieu appelé Staouéli, à une douzaine de kilomètres d'Alger ; dans un pays désert parce qu'il était malsain, ils ont créé une magnifique propriété de 1.050 hectares, dont 450 en vigne. Nous arrivons vers neuf heures ; nous sommes reçus par le Père Hôtelier ; il nous présente au Père Abbé qui nous reçoit fort gracieusement. Après la célébration de la messe, nous visitons l'Abbaye sous la conduite du Père Hôtelier, d'abord le Monastère proprement dit, puis les dépendances. Dans le Monastère, nous parcourons successivement le cloître, la salle capitulaire, le réfectoire, le dortoir. Tout est très propre, mais marqué au coin de la simplicité, disons même de la plus rigide pauvreté. Les dépendances sont considérables. Comme les religieux trappistes travaillent la terre, on trouve chez eux tout ce que comporte une exploitation agricole : animaux et instruments. A onze heures les bons Pères nous offrent à déjeuner dans le réfectoire destiné aux étrangers. Selon l'usage, nous faisons la sieste, puis nous assistons dans une tribune aux vêpres de la communauté. Ce sont les premières vêpres de la Nativité de la Sainte Vierge ; elles sont présidées par le Père Abbé qui, à la fin, donne, crosse en

main, la bénédiction pontificale. A l'issue
des vêpres nous visitons le cimetière. L'allée
qui y conduit est plantée de beaux arbres et
ornée des stations d'un Chemin de Croix. Les
tombes des religieux sont très simples : une
simple croix de bois avec le nom. Au fond,
en face de l'entrée, une chapelle avec caveau
pour la sépulture des Abbés. Notre visite
est terminée ; nous rentrons à Alger.

Dimanche 8 septembre.

Nous commençons la journée par un pèlerinage à Notre-Dame d'Afrique ; nous devons
y être accueillis par Monseigneur l'Archevêque d'Alger, qui, dès le lendemain de
notre arrivée, avait reçu notre Directeur,
accompagné d'une députation. La basilique
de Notre-Dame d'Afrique est due au zèle de
Mgr Pavy, second évêque d'Alger. Elle est

construite au sommet d'une colline dominant la ville et la mer ; elle est de style romano-byzantin.

La coupole sous laquelle s'élève le maître-autel est accompagnée de deux demi-coupoles formant chapelles. Au-dessous de la statue de Notre-Dame d'Afrique, on a déposé les épées du général Yusuf et du maréchal Pélissier, la canne légendaire du général Lamoricière, et la médaille de la Sainte Vierge que le maréchal Bugeaud porta à son cou pendant tout le temps des guerres africaines. Le corps de Mgr Pavy repose dans cette basilique sous le maître-autel, comme une pierre tombale en fait foi. A droite et à gauche, des inscriptions rappellent l'histoire de la basilique et la tenue du premier concile d'Afrique. En face du maître-autel, entre les deux portes d'entrée, une chapelle dédiée à l'archange saint Michel. La statue en argent de l'archange est un don des pêcheurs napolitains venant faire du commerce à Alger. Enfin, sur la terrasse adjacente à la façade, les statues des saints qui se sont dévoués aux esclaves : saint Vincent de Paul, saint Jean de Matha, le bienheureux Pierre Claver, etc.; au milieu de ces statues, un petit monument représentant une tombe, autour de laquelle, chaque dimanche, à l'issue des vêpres, les Pères Blancs, gardiens de la basilique, viennent faire une absoute en faveur de ceux qui ont péri en mer.

Huit heures sonnent. Mgr l'archevêque d'Alger fait son entrée dans la basilique et célèbre la messe du pèlerinage. A l'évangile, le vénérable prélat, dans une allocution paternelle, épanche son cœur dans le cœur des pèlerins. Sa Grandeur dit combien elle est heureuse de recevoir des pèlerins français, prémices du pèlerinage d'Hippone que l'on veut, à juste titre, restaurer, fait l'historique

de la résurrection de l'Église d'Afrique, autrefois si florissante, et termine par ces pa-
roles : « Vous allez rentrer dans vos diocèses ; dites à vos évêques, si vous les voyez :
Nous avons vu un vieil évêque africain ; il
nous a recommandé de prier et de faire prier
pour que Dieu rende à l'Église d'Afrique sa
prospérité des premiers âges. »

Pendant que nous écoutions le vénérable
archevêque d'Alger, nous nous unissions à
ses vœux et à ses prières ; puis nous nous
reportions par la pensée vers ces Églises
d'Orient, autrefois si prospères elles aussi,
et sur lesquelles semble devoir passer présentement un souffle de vie, inspiré par le
grand Léon XIII. Et comme nous avons
personnellement l'honneur d'être affilié
au clergé de l'Église de Césarée de Philippe, qu'on pourrait appeler la tête de
toutes les autres, nous demandions à Dieu
qu'il voulût bien faire revivre intégrale-

ment la foi dans les lieux où elle est née.

Dans l'après-midi nous assistons aux vêpres à la cathédrale. Nous terminons notre journée par une promenade sur la jetée. De là, le coup d'œil sur Alger est magnifique. Le soleil couchant semble dorer la coupole de Notre-Dame d'Afrique ; nous adressons de cœur une prière à la reine du continent noir.

Lundi 9 septembre.

Nous passons la journée à Blida. Blida est le pays des oranges. Nous voyons en effet d'immenses champs d'orangers ; mais les oranges ne sont qu'en formation ; on en fera la cueillette dans deux mois. Nous allons d'abord à quelques kilomètres voir la Fontaine-fraîche ; c'est une source abondante, qui approvisionne Blida d'eau fraîche et pure ; puis, rentrant en ville, le Jardin public, le Bois sacré et le haras. Le Jardin public, assez grand, est fort bien entretenu ; le Bois sacré est ainsi nommé parce qu'il renferme le tombeau d'un personnage musulman réputé saint ; le haras nous offre de beaux spécimens de la race chevaline ; c'est l'affaire des connaisseurs. Nous employons l'après-midi à visiter les gorges de la Chiffa, bien connues des touristes ; moins abruptes que celles du Châbet, elles méritent cependant la peine d'être vues. Deux choses à y signaler : le rocher des Singes et la Cascade.

Mardi 10 septembre,

C'est notre dernier jour ; encore quelques heures et nous partirons ; hâtons-nous de les utiliser. A sept heures, messe du départ à la cathédrale ; puis, visite à Maison-Carrée et au Jardin d'essai d'Alger. Maison-Carrée est une commune de 2.000 habitants, à une demi-heure d'Alger en chemin de fer. C'est là que se trouve la maison-mère des Pères Blancs, congrégation fondée par le cardinal Lavigerie. Cette maison est à l'extrémité du village, dont elle est la providence. Le Jardin d'essai est à 4 ou 5 kilomètres d'Alger ; il est ainsi nommé parce qu'on essaie d'y acclimater toutes les essences d'arbres connues. Ce jardin, qui a une superficie de plusieurs hectares, renferme de très beaux arbres ; les palmiers notamment qui bordent la grande allée sont supérieurs à tous ceux que nous avons vus jusqu'ici.

Il est quatre heures ; nous nous dirigeons vers le port pour monter à bord du *Dauphiné*. Cinq heures sonnent ; le bateau se met en marche. Au départ de Marseille nous nous étions confiés à Notre-Dame de la Garde ; au départ d'Alger nous nous confions à Notre-

Dame d'Afrique. Nous récitons la prière de l'Itinéraire ; nous entonnons l'*Ave maris Stella* que nous faisons suivre de :

Vers les rives de France
 Voguons en chantant,
Oui, voguons doucement,
Pour nous les vents sont si doux.
Pays, notre espérance
 Rivage béni,
 Oui, vers ton port chéri
Un Dieu d'amour nous conduit.

La première partie de la matinée est très belle. Le mercredi matin, vers neuf heures, nous passons entre les îles Baléares, Majorque et Minorque, dont les côtes, surtout celles de Majorque, restent longtemps visibles. Vers le soir, la mer est grosse, au grand désespoir des passagers. Enfin, le jeudi à neuf heures du matin, nous débarquons à Marseille, fort contents de notre pèlerinage, plus contents encore de toucher le sol de la patrie.

En écrivant ces pages nous nous sommes proposé un triple but : 1° donner aux heureux pèlerins un souvenir de leur pieux voyage ; 2° faire profiter du pèlerinage, dans la mesure possible, ceux qui n'ont pu y prendre part ; 3° faire connaître le pèlerinage d'Hippone et diriger de ce côté les pèlerins. Aurons-nous réussi ? la suite le dira.

Nous ne voulons pas poser la plume sans exprimer de sincères remerciements (et en cela nous sommes sûr de répondre au senti-ment général) à M. l'abbé Potard, notre dé-voué directeur, aux prêtres, séculiers et régu-liers, qui nous ont reçus en amis et en frères, et, en général, à tous ceux avec lesquels les pèlerins ont eu quelques rapports. Partout, sur le bateau, dans les hôtels, les chemins de fer, ils ont trouvé un accueil empressé.

En partant pour Hippone les pèlerins allaient recommander à un grand saint, qui fut dans son temps le marteau des hérétiques, la cause des congrégations si gravement menacées. Il ne faut pas oublier que ces congrégations sont dans le monde entier le bras droit de l'Église et le plus solide appui de l'influence française. Dieu veuille sauver les congrégations, rendre à l'Église d'Afrique sa gloire première, ramener les Orientaux à l'unité, afin que se réalise la parole de Notre-Seigneur : « Un seul troupeau et un seul pasteur. *Unum ovile et unus Pastor.* » (Joan. X, 16.)

F. SARTON

Curé du Poinçonnet

Vicaire général honoraire

de Panéas ou Césarée de Philippe.

Le Poinçonnet, par Châteauroux (Indre),
24 septembre 1895, en la fête de saint Mathieu.

OBSERVATIONS

1° M. l'abbé Potard se propose d'organiser un pèlerinage qui partirait après Pâques ; c'est le meilleur moment pour visiter l'Algérie. Nous engageons nos lecteurs à en profiter. S'adresser à M. l'abbé Potard, à Bône, Algérie.

2° Nous recommandons avec plaisir les hôtels dans lesquels nous sommes descendus ; ils sont très confortables.

Alger, *Hôtel des Étrangers.*
Biskra, *Hôtel du Sahara.*
Blida, *Hôtel d'Orient.*
Bône, *Hôtel d'Orient.*
Bougie, *Hôtel d'Orient.*
Constantine, *Hôtel de Paris.*
Tunis, *Grand-Hôtel.*

3° Pour la visite de la ville d'Alger, nous recommandons l'Arabe Ahmed-ben-Ali. Il habite 3, rue des Pyramides, mais il se tient habituellement à l'hôtel de l'Oasis.

Châteauroux.— Typ. et Stéréot. A. Majesté et L. Bouchardeau.